第一贪官

——和珅

吉林出版集团有限责任公司

吉林文史出版社

◎◎ 主编 金开诚

◎ 编著 张 威

图书在版编目（CIP）数据

第一贪官——和珅 / 张威编著 . —长春：吉林出
版集团有限责任公司，2011.4（2022.1 重印）
ISBN 978-7-5463-5014-1

Ⅰ . ①第… Ⅱ . ①张… Ⅲ . ①和珅（1750 ~ 1799）–
生平事迹 Ⅳ . ① K827=49

中国版本图书馆 CIP 数据核字（2011）第 053442 号

第一贪官——和珅

DIYI TANGUAN HESHEN

主编/ 金开诚 编著/张 威
项目负责/崔博华 责任编辑/崔博华 邱 荷
责任校对/邱 荷 装帧设计/李岩冰 赵 星
出版发行/吉林文史出版社 吉林出版集团有限责任公司
地址/长春市人民大街4646号 邮编/130021
电话/0431-86037503 传真/0431-86037589
印刷/三河市金兆印刷装订有限公司
版次/2011 年 4 月第 1 版 2022 年 1 月第 5 次印刷
开本/650mm×960mm 1/16
印张/9 字数/30千
书号/ISBN 978-7-5463-5014-1
定价/34.80元

前　言

　　文化是一种社会现象，是人类物质文明和精神文明有机融合的产物；同时又是一种历史现象，是社会的历史沉积。当今世界，随着经济全球化进程的加快，人们也越来越重视本民族的文化。我们只有加强对本民族文化的继承和创新，才能更好地弘扬民族精神，增强民族凝聚力。历史经验告诉我们，任何一个民族要想屹立于世界民族之林，必须具有自尊、自信、自强的民族意识。文化是维系一个民族生存和发展的强大动力。一个民族的存在依赖文化，文化的解体就是一个民族的消亡。

　　随着我国综合国力的日益强大，广大民众对重塑民族自尊心和自豪感的愿望日益迫切。作为民族大家庭中的一员，将源远流长、博大精深的中国文化继承并传播给广大群众，特别是青年一代，是我们出版人义不容辞的责任。

　　本套丛书是由吉林文史出版社和吉林出版集团有限责任公司组织国内知名专家学者编写的一套旨在传播中华五千年优秀传统文化，提高全民文化修养的大型知识读本。该书在深入挖掘和整理中华优秀传统文化成果的同时，结合社会发展，注入了时代精神。书中优美生动的文字、简明通俗的语言、图文并茂的形式，把中国文化中的物态文化、制度文化、行为文化、精神文化等知识要点全面展示给读者。点点滴滴的文化知识仿佛颗颗繁星，组成了灿烂辉煌的中国文化的天穹。

　　希望本书能为弘扬中华五千年优秀传统文化、增强各民族团结、构建社会主义和谐社会尽一份绵薄之力，也坚信我们的中华民族一定能够早日实现伟大复兴！

目录

一、少年才俊 天赐良缘

在中国历史上有一个贪官。他身居高位，贪污受贿手法触目惊心，聚财富可敌国，连皇帝也不及他富有，他的家产比泱泱大清王朝十年的财政总收入还要多，可以说他的贪污行为和贪污数量都空前绝后，堪称"中国第一贪"。他就是大名鼎鼎的和珅。和珅善于观察揣摩、谄媚逢迎、玩弄权术，皇帝的一言一语、一举一动，都被观之于心，极尽讨好之能事，短

短几年，位至中堂，其升迁之快，令人瞠目结舌。乾隆晚期的二十多年，和珅把这个"十全老人"伺候得通体舒坦，大事小事他都能办得让龙颜大悦。嘉庆帝上台，立即扳倒和珅，但是清朝至此中衰，盛世不再。

和珅（1750—1799），字致斋，满洲正红旗人。和珅的先世噶哈察鸾，在清朝初年就投到努尔哈赤的麾下，随军征战，家族历代直到和珅的高祖尼牙哈都立过战

功。和珅的父亲常保授一等云骑尉爵位。和珅在19岁时，承袭了一个三等轻车都尉的世职。这个世爵给和珅带来了相当可观的收入。三等轻车都尉的岁俸为银一百六十两，米一百八十石，和珅有了这笔固定的收入，就可以安享中等以上的生活了。

但实际上和珅的少年是在贫困中度过的。和珅经常向外祖父伸手要钱。一次和珅派他的仆人刘全向两千里外的外祖父哭穷，外祖父资助了他五十两。谁料不

久和珅又再次派遣刘全前往外祖父处借银三百两，结果遭到拒绝。和珅于是私下里出京去外祖父家，外祖父大怒想要以法律制裁他，因为和珅是旗人，旗人是不可以私自外出的，发现就会被治罪。外祖父在属下郭大昌的劝说下，才资助了和珅三百两白银，郭大昌也给了他三百两。

　　按照和珅父亲的收入，和珅不应该如此缺钱，这可能和他的母亲早逝有很大关系。和珅的父亲常保中年丧妻，他的妻子给他留下两个儿子，长子就是和珅，和琳是小儿子。常保在原配去世之后，又续娶了吏部尚书伍弥泰的女儿为妻。这个继母在经济上很可能对和珅、和琳进行压制，以至于这两个从小就大手大脚惯了的公子哥，为了满足奢华的生活，便一次次地向外祖父伸手要钱。

　　当时追逐享乐十分盛行，八旗子弟

已经成了无所事事的寄生虫，他们当中有相当多的人提着鸟笼子，频频出入戏院酒楼，甚至眠花卧柳，热衷赌博，吸食鸦片，很快就把朝廷发放的钱粮挥霍一空。以至于今天花明天的钱，债台高筑，违法地典当作为旗人所拥有的土地。就连一些王爷为了追求奢靡的生活也手头吃紧。乾隆的父亲雍正在做王时就曾派人向内务府员外郎鄂尔泰索要钱财，被康熙立为太子的胤礽也常常额外地索取财物。一个亲王每年的俸禄是一万两白银、禄米五千石，不仅如此还有王庄的收入。即便如此，仍然不够清朝贵族们挥霍的，更何况和珅兄弟呢！

乾隆中叶，和珅被父亲送进清廷内务府主办的咸安宫官学读书。这是一所专门培养八旗子弟的学校，教学设施等各方面条件都很优越，学生主要学习满、汉文翻译。和珅在这所学校里读了十年书，通晓四书五经。学生时代的和

珅就表现出生性乖巧、见机行事、能说
会道，有些小聪明，他又在名师的指导下
学会了诗词歌赋，这对他以后在仕途的
发展起到不小的作用。

　　1768年，18岁的和珅参加了乡试。乡
试是省一级的考试，凡是考中了就是举
人，凡是中了举人的就可以参加更高一层
的考试。和珅参加的是八旗科举，八旗

科举和一般的科举有很大差异，无论是乡试还是会试，第一场都要先考骑射，只有骑射通过了才能进入以后的考试，而且还要加试满文和蒙古文。尽管八旗子弟都只重视骑射，但是八旗士兵的名额有限（基本保持在十万左右）加上人口的快速增长所造成的压力，使得越来越多的八旗子弟找不到当兵的机会，他们中的相当一部分开始步入考场，尤其是那些就读于咸安宫官学、八旗官学的子弟更

是把参加科考作为一个进入官场的重要途径。

八旗子弟中目不识丁的人比比皆是，许多人既不会说汉话也不会说满语，简直不学无术。自顺治元年清军入关，问鼎中原，从龙兴之地入关的八旗劲旅就处在汉民族的包围之中，汉语在交际中显示了重要作用，满语则因使用的机会很少而渐渐被废弃。尽管清朝统治者竭力提

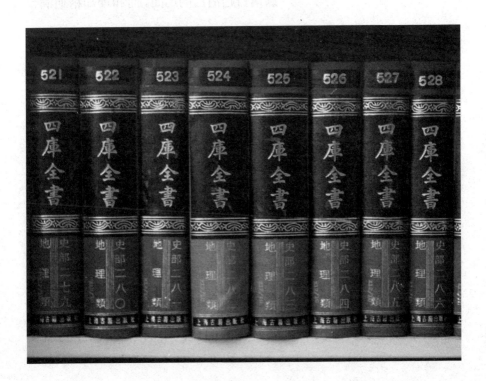

倡使用本民族的语言，但仍然无法改变满语日趋消亡的局面。而和珅却精通满、蒙、汉、藏四种语言，对四书五经能倒背如流，写八股文也是轻车熟路，然而命运之神却同他开了个玩笑，和珅在乡试中竟然落选了。

和珅的落选并不意外，因为自从八旗科举开始以来，乡试的录取名额一直在减少，而应试的人却越来越多，这就使得一些有才华但不是显赫家庭的子弟难免有落第的命运。对于主考官来说，他们总要把有限的名额用来结交权贵，这就使得像和珅这样家世不显赫又没多少钱的人往往会落第。虽然科举考试不是八旗子弟进入官场唯一的途径，然而落第的结果仍旧使相当自负的和珅心中极为不快。

虽然和珅考场失意，却情场得意。1769年，年仅19岁的和珅，风华正茂，一表人才，被刑部尚书兼户部侍郎、正黄旗满洲都统英廉看中了，遂把最娇爱的孙女嫁给了他。这个英廉是什么人呢？英廉，是内务府包衣籍汉军镶黄旗人。1732年中举，最初为笔帖式，逐渐迁升为淮安府外河同知、永定河道、内务府主事、内务府正黄旗护军统领、内务府大臣、户部侍郎、刑部尚书、正黄旗满洲都统、协办大学士、直隶总督、东阁大学士加太子太保，并担任过《四库全书》正总裁。1783年病故时，乾隆帝特赐白银五千两办理丧事，谥号文肃。由此可见，英廉在乾隆朝始终为官，地位也比较重要。英廉虽然

出身内务府包衣籍，但是依靠着本人努力而身居高位。他一生究竟生有几个儿子，目前尚不清楚，但至少有一个儿子和儿媳在他健在时就先后去世了，并留下一个小女孩。因为孙女自幼失去双亲，作为祖父对她就格外怜爱，精心培养。长大成人后，为了给她挑选一个理想的佳婿，英廉确实费了一番苦心。他想为孙女找一个既品行端正，又年轻美貌、才气出众，将来有所作为的后生。他左挑右选，最后才选中了和珅。

　　论相貌，和珅确实百里挑一，是一个英俊青年。和珅个头并不十分高大但也绝不矮小，肤色白皙，很有幽默感。和珅还十分机敏，具有过目不忘的本领。可以说在当时绝对是百里挑一的美男子。英廉也是十分有眼力的，料定和珅日后有所作为，所以就把心爱的孙女许配给了他。

二、初蒙圣恩 位极人臣

有了英廉这样一座大靠山，和珅自然是春风得意。不久，和珅在英廉的推荐下，被选充在乾隆皇帝的銮仪卫里当差。这差事地位虽然不是很高，但能接近皇帝，一旦得到垂青，即可飞黄腾达。

一日，乾隆帝突然要出行，仓促间黄龙伞盖却找不到了。皇帝有些生气，借用《论语》上的一句话问：这是谁的过错？在场的銮仪卫面面相觑，不知如何回答。

这时，和珅应声用四书上的一句话应答：典守的人有不可推卸的责任！

乾隆不禁一怔。循声望去，只见说话之人仪态俊雅，气质非凡，乾隆帝不仅更为惊异，叹道："你们之中还有这样的人！"问了和珅的出身，知道是官学生，虽然学历不高，但毕竟是读书人，这在侍卫之中也属于凤毛麟角了。乾隆帝一向重视文化，对一些读过四书五经的满族生员，更加另眼相看，所以一路上便向和珅问起四书五经的内容来。和珅面对着乾隆帝的询问，十分镇静，对答如流。至此和珅进一步引起了乾隆的好感，于是乾隆派他总管仪仗，升为侍卫。从此，和珅官运亨通，扶摇直上。一次偶然的机遇便这样为和珅铺开了升迁之路。

耐人寻味的是，和珅登上政坛的第一句话便是整人之语。仓促间没找到黄龙伞盖，这本是琐事，然而和珅却借着这个机会小题大做，以一副义正词严的口

吻指责起"典守者"来。"典守的人有不可推卸的责任",一语双关,它不仅是对"典守者"失职的指责,也有毛遂自荐的含义。和珅在乾隆面前的第一次亮相,便已表现出不良的品质,露出了踩着他人肩膀往上爬的端倪。可惜此时的乾隆帝已是充满骄横之气,对一些生活琐事变得愈加挑剔。可能和珅对此早有耳闻,因此才敢放胆进言。结果倒真的获得了皇帝的眷顾,并取代了原来仪仗队的"典守者"。

　　和珅自从随驾蒙皇帝赏识，便很快
青云直上，连连升迁。1775年闰十月迁乾
清门侍卫，1776年的正月，和珅授户部右
侍郎。三月命在军机大臣上行走，四月授
内务府部管大臣。十一月充国史馆副总
裁，赏一品朝冠，十二月总管内务府三旗
官兵事务，赐紫禁城骑马。第二年六月，
转左侍郎，兼署吏部右侍郎，十月兼步军
统领。1778年，又兼步军统领，监督崇文
门税务。1779年，命在御前大臣上学习行
走。1780年，更是和珅的春风得意之年，

这一年，和珅带着皇帝的命令赴云南查办总督李侍尧贪污案，晋户部尚书兼议政大臣，兼御前大臣，补镶蓝旗满洲都统，授正白旗领侍卫内大臣，充四库馆正总裁，兼办理藩院尚书事务。这一年五月二十日，乾隆帝又特下御旨，赐予和珅的儿子名字为"丰绅殷德"，等到他长大之后再与十公主完婚。这十公主即和孝公主，为乾隆帝最为钟爱之幼女。乾隆帝因她的相貌很像自己，因此曾经说："你要是男子，我一定立你为太子。"和孝公主

生性刚毅，小的时候曾经穿着男装，随父皇打猎射鹿，所以更令乾隆喜爱。乾隆肯把这样一位心爱的宝贝女儿下嫁给和珅之子，并钦赐其名，足见和珅得宠之深。1781年，和珅兼署兵部尚书，管理户部三库事务。1782年，和珅加太子太保，充经筵讲官。1783年常戴双眼花翎，充国史馆正总裁和文渊阁提举阁事。1784年，调吏部尚书、协办大学士，管理户部。1786年，晋文华殿大学士，仍兼吏部、户部事。

1788年，封三等忠襄伯，赏紫缰。1790年，又赏给黄带，此后不断增兼新职。

一人得道，鸡犬升天，和珅之子丰绅殷德于1794年迎娶十公主之后，封固伦额驸，授御前大臣，不久，擢护军统领兼内务府总管大臣，总理行营事务。和珅之弟和琳原是一小小笔帖式，倚仗和珅的权势，也不断升迁，任至尚书、总督、都统，督办贵州征苗军务，死在军中，晋赠一等公，以其子丰绅伊锦袭爵。

阅读上述五花八门的职、爵，我们不由惊叹，和珅升迁之快，恩遇之隆。他差不多无年不升，其升迁周期几乎是以月计算的，堪称创历史纪录。

对于和珅平步青云，独获恩宠的原因，民间有着种种传说。其中最离奇却又流传十分广泛的说法是，和珅是雍正皇帝的爱妃转世，只是因为当年与乾隆的缘分而得到如此恩宠的。那么详细情况是怎么回事呢？相传，雍正皇帝有一个

妃子，容貌十分艳丽。乾隆因为有事情进宫，路过这个妃子的寝宫，看见这个妃子正对着镜子梳理头发，此时乾隆起了玩兴，他悄悄地走到了这个妃子的身后，用双手蒙住了她的眼睛，只是与她开玩笑而已。但是这个妃子并不知道是太子，十分害怕，就用梳子向后扔去，正好打中了乾隆的额头。雍正的皇后知道了这件事情，立刻大怒，这还了得，怀疑是这个妃子勾引太子，立刻治了这名妃子死罪。乾隆听说了立刻前去阻止，他急急忙忙地赶到了这个妃子的住所，此时这名妃子脖子上勒着白帛，已经死了，看到她的脖子上被白帛勒出了一圈红印，乾隆叹息道："都是我害了你啊！你要是在天有灵，二十年后请再次与我相聚！"等到乾隆中叶的时候，和珅以满族官学生的身份参加銮仪卫这一官职的选拔，乾隆偶然遇见了和珅，感觉似曾相识，总是感觉在哪里见到过。忽然回忆起自己少年的往事，恍惚间觉得和珅的相貌和那名妃子的相貌很是相似，因此秘密地召见了和珅，让他接近御座跪着，乾隆俯视他的脖颈，那白帛的勒痕还在，乾隆十分惊奇，于是心里就默默地认定了和珅便是那名妃子的转世，

此后对他宠信有加。这个传说充分地反映了民间百姓对于和珅骤然得宠的无奈和不理解。

三、天子宠臣　善于逢迎

　　和珅自从被乾隆帝发现后，便步步高升，登上高位。他聪明敏捷，很有才华，精明干练，很会办事，记忆力强，可以过目不忘，加上他能写一笔好字，因此深得皇帝的青睐。根据朝鲜使臣记载：乾隆帝每问和珅一件事情，他不但能立即回答得有条有理，并且能把事情的经过、来龙去脉说得一清二楚。同时也指出了和珅的一大特点，那就是："为人狡黠，善于逢

迎。"

和珅对乾隆帝的脾气、爱好、起居、生活习惯，可以说已经揣摩到家了。皇帝想什么，他就想什么，有时甚至皇帝没想到的事，他也先想到了，皇帝说什么，他也说什么，并且说到皇帝心里去了，这怎么能不叫人喜欢呢！例如乾隆帝平日非常喜欢作诗吟赋，他也就在这方面下工夫，闲暇时间便作诗习字，并以"骚人"自视。平心而论，和珅所作的诗有的还是不错的，正如他同时代人钱泳所说："他的诗有佳句可采，很通晓诗律。"在他的诗作中有不少就是奉乾隆帝之命而作的。

乾隆帝好虚荣、讲排场、喜享乐。和珅深解其意，百般奉侍。和珅揣摩透了乾隆的心理，他见乾隆处处以康熙为自己的楷模，就投其所好，常常借着歌颂康熙的威德来赞颂乾隆的恩泽四海和武功盖世。一次，他见乾隆说起"上有天堂，下有苏杭"的诗，就趁机向乾隆描述了江南的水光山色，还讲了康熙皇祖下江南的盛况。他在讲述这些的同时，忘不了以适当的方式称颂乾隆的盛德。又说："万岁的文治武功，在人们的心目中，也和皇祖的一样。现在是太平盛世，如果万岁也能像皇祖那样南巡，乃是万民的幸福。"乾隆被和珅说得有些飘飘然了，就决定也要效法圣祖巡游江南。

康熙当年巡察江南，倒是真心为了去办些事情。乾隆巡游江南，则完全是为了游山玩水。乾隆让和珅监造龙舟，和珅奉旨，鸠工庀料。他派人到各地寻找能工巧匠，购买名贵的木料，把龙舟造得十分华

丽，花去的钱银不计其数。和珅从中又捞了一大笔，肥了自己的私囊。

和珅又借机行文到沿途各省、抚台、衙门，让沿途地方官赶修行宫，疏浚水道，整修旱道，做好各种准备，迎接圣驾。各地方官接到和珅的行文，个个战战兢兢，生怕迎接圣驾不周，惹下滔天大祸。他们都争着向和珅行贿，请和珅从中周旋。他们知道和珅是乾隆的宠臣，只要买通了和珅，这一关就能过得去。因此，不惜用最珍贵的宝物来打通这一关节，和珅借此又公开向他们索取贿赂。乾隆这次南巡，其排场之大，大大超过了当年康熙南巡的规模。和珅借着南巡，把自己的私囊填得更加饱满了。

不仅如此，和珅还多次陪同皇帝巡幸避暑山庄、木兰秋围、东巡祭祖、祭陵、朝拜三孔、登五台山上香等；他还极力为乾隆帝扩建圆明园、避暑山庄，修缮皇宫内殿阁，并为乾隆帝准备好了做太上皇时用的宁寿宫。而且和珅使出了他善于敛财的本领，制定了一系列广开财路的措施，尽量少用或不用国库的存银，使乾隆帝非常满意。

和珅还投乾隆帝所好，他深知天子性喜收藏，欣赏古董、字画、文物和各种工艺品，他就挖空心思，满足皇帝的需求。1780年，朝鲜使臣就曾看到过和珅进献给皇帝的佛像。他说："京城内有佛像的铺子，互相买卖。朝臣们常常用佛像

作为贡献，皇帝也把佛像赏赐给贵臣。中秋节早朝的时候，有人进贡覆盖着黄帕的架子，上面放着一尊佛像，高数尺，后来知道这是和珅进献的。"和珅知道乾隆帝笃信佛教，进献佛像，使皇帝进一步对他信赖，从而进一步加深彼此之间的关系。

在日常生活中，和珅对乾隆帝的照顾更是体贴入微，甚至不顾军机大臣的身份，每当皇帝咳嗽有痰的时候，和珅就用装小便的器皿接住痰液。这样把皇上服侍得舒舒服服，皇上怎么会不喜欢呢！再加上和珅很会办事，在吏治和财政上都做了一些改变，不但进一步加强了皇权，而且增加了内务府的收入。对于这一切乾隆帝是看在眼里，喜在心头。

乾隆帝原本就是个才华横溢、精明能干的君主，当然他所需要的臣下也不能是平庸无能之辈。他手下，从小太监到秉国大臣，都善于乖巧逢迎，如小内侍鄂罗哩、大学士于敏中都是最好的例子。鄂罗哩为人聪明狡猾，善解人意。于敏中是状元宰相，才思敏捷，为当时人所称异，而且办事也非常合乎皇上的心思。这就是说，侍候乾隆的人，必须善于了解乾隆的心思、意象才能得到重用。和珅比别人更了解乾隆皇帝的这一性格，这是他以近臣得宠，能够权倾朝野的根基所在。

四、难主军机 阿桂挡路

在清代，军机处实际上要比内阁更具权威，对于满洲大臣来说，出任军机处的首席大臣，是一生为之奋斗的目标。满族本来就是个崇尚武力的民族，更何况在军机处建立之初，是出于对西北用兵的需要，所以从军机处建立开始，就把是否懂得军事作为选拔军机处首席大臣的重要条件。

傅恒是乾隆时期长期担任军机处

首席大臣的官员，他之所以能位极人臣二十一年，这同首战金川告捷以及在征讨缅甸的战役中不畏艰险有着直接关系。在傅恒之后被提升为军机处首席大臣的尹继善，也是一个屡立战功的人。实际上乾隆帝一直都在为和珅寻找立军功的机会，1781年甘肃苏四十三起义终于为和珅提供了一个驰骋沙场、一显身手的机会。机会是为有准备的人提供的，对于缺乏准备的人来说，只能留下失之交臂的无限遗憾。兰州之行留给和珅的就是这样苦涩的回忆。

1781年四月初一，乾隆皇帝命令和珅为钦差大臣前往兰州平叛。与此同时还任命了英勇善战的旗额驸拉旺多尔济以及极具谋略的都统海兰察和护军统领额森特协助和珅。不仅如此，乾隆还特意命令正在黄淮一带视察治河工地的阿桂火速前往兰州。从这里看，乾隆皇帝为了和珅的战功可谓煞费苦心。

然而和珅的表现实在令乾隆皇帝大失所望。毫无战斗经验的和珅在途中一再耽搁，以至于比晚接到命令、路程又远的阿桂只早到四天。由于和珅途中的耽搁，海兰察比钦差提前数日抵达兰州。海兰察一到前线就运筹帷幄，组织进攻，在龙尾山打败义军。海兰察的先期到达和首战告捷使和珅妒意大发，和珅匆忙部署第二次进攻。和珅既无临战经验又不肯向海兰察等前辈请

教，使得这匆忙部署的第二次进攻受挫。义军虽然只有几千人，但也都拥有很强的战斗力，他们乘着清军受挫反击，并且在夜间袭击，扰乱清军。这使得一万多清军竟陷入进退两难的境地。尽管在交火中海兰察奋勇当先，歼灭大量敌人，但和珅还是把火气都发泄到海兰察身上。于是和珅在呈给皇帝的奏章中极力地诋毁海兰察。

和珅的狂妄、妒贤、文过饰非，使得他与其手下的诸位将领的关系急剧恶

化。各路将领在经历了进军
的挫折之后，就根本不把这
个纸上谈兵的将领放在眼
里。等到阿桂到达之后才改
变了这种群龙无首的局面。
此时的和珅在兰州已经成了
一个多余的人。兰州之行充
分暴露了和珅在军事上的无

能，这大大超乎乾隆帝的意料，生于都统
之家的和珅，其军事才能竟然比不上出
身于世家子弟的福康安等人。这就使得
乾隆为和珅设计的先立军功，进而入主
军机处的计划全盘落空。

　　乾隆帝最终为和珅找到了一个摆脱
窘境的体面借口——跟随皇帝去热河行
宫，于是和珅便灰溜溜地从兰州起程，逃
离了难以忍受的军旅生涯。然而和珅也
因此失去了取代阿桂首席军机处大臣的
机会。

　　阿桂是什么人呢？为什么他竟能比

和珅还要得到皇帝的倚重,长期位极人臣呢?阿桂是满洲正蓝旗人,他的父亲是大学士阿克敦。然而阿桂并不像他的父亲那样因为文采出众得到重用,而是因为效命疆场、功勋卓著才得以重用的。阿桂是一位有胆识、有谋略的大将,在战争中他不畏艰险,能在瞬息万变的情况下审时度势,把握战机,不骄不躁,能在极其艰难的情况下化险为夷,并最终取得胜利。因而屡屡获得军功,获得了福康安、海兰察等一批名将的钦佩。

阿桂在1781年开始担任宰辅。在此两

年前,于敏中的去世使得阿桂升为军机
处首席大臣,而李侍尧勒索属下的案子
使得内阁首辅的位子也落到了阿桂的头
上。阿桂老成持重,办事认真,每天天还
没亮就入朝,端坐在值班房里等到天亮。
阿桂对皇帝毕恭毕敬,而对属下们严中
有宽,更重要的是他还能严于律己,所以
在同僚中拥有很高的威望,而这又恰恰
是和珅所不具备的。当阿桂接到前往兰
州平定苏四十三起义的时候,他正闹皮
肤病,浑身奇痒无比,但他全然不顾病痛
的折磨,毅然起
程西征。在这种
情况下,乾隆帝
断然否决了以和
坤作为军机处首
席大臣的想法,
但皇上也极力满
足和珅的虚荣,
常常派阿桂外

出，或监军，或视察河工，或查办地方大案，一旦阿桂外出，和珅就是事实上的宰辅。直到1797年，81岁的阿桂去世，和珅才当上军机首席大臣，成为名副其实的宰相！

五、一人之下　万人之上

　　和珅自从被乾隆皇帝赏识后，就极
尽谄媚取宠之能事，赢得了主子的欢心和
青睐。随着时间的推移，他的权力不断增
大，到了乾隆末年、嘉庆初年，便成为首
辅大臣。由于他善于摸透皇帝的心思，经
常传达皇帝的命令，实际上成了乾隆帝的
代言人。他身兼数职，集军政、行政、财
政和文化教育大权于一身，达到了登峰造
极的地步。

　　在行政方面，和珅利用职权控制着
国家的许多要害部门，使他在行政上具
有很大权力，掌握着官员的筛选，并拥有
推荐和直接用人的权力，这样使许多人
都投靠在他的门下，畏其淫威，不敢与之
抗衡。

　　在财政方面，和珅秉政二十多年，长
期掌管着户部事务，他又与其子丰绅殷德
相继担任崇文门税务监督。同时他还掌
管着内务府三库（即银库、绸缎库和颜

料库）以及内务府、圆明园、茶膳房、造办处、上驷院、太医院、御药房等与财政有关的部门。这就意味着他掌管着国家的田赋、税收、漕运和盐政等事务，也就是主管国库的收支，控制着国家的经济命脉。同时他还负责宫内各种物件的修造、配置；宫殿、园林的修缮，这实际上也就控制了工部所负责的事务，这样他把整个国家的财政大权都集中在自己手里了。

在文化教育方面，和珅通过担任许多官书的正总裁、经筵讲官、教习庶吉士、殿试读卷官、翰林院掌院学士等职务，控制书籍的出版与查禁及考试、筛选和教育等一切事务，实际上又控制了礼部所掌管的事务。

在军事方面，他除了担任正蓝旗、镶黄旗、正黄旗、正白旗、镶蓝旗的副都统、都统及领侍卫内大臣等职外，也曾兼任过

兵部尚书，并曾率兵镇压过甘肃苏四十三起义。此外他长期兼任步军统领一职。

他还负责着健锐营的事务，这样他就控制了皇家的精锐部队和火器制造。

军机处是清政府最重要的部门之一，是国家的神经中枢，又是皇帝亲自控制的部门，它远比内阁重要。和珅多年来把持着军机处的实际大权。

和珅集大权于一身，是他贪污受贿的前提。由于职务和地位的关系，使不少官员聚集在他的周围，为了升官发财，情愿把搜刮到的民脂民膏拿出一部分，贡献给和珅。

　　清朝制度规定，凡军机大臣，不再另给俸禄，而且随侍皇帝的各项费用和开支，也要自己想办法。平日在京当差费用还不多，要是随着皇帝外出，那么旅行的费用开支就更庞大了，需要大量钱财。军机大臣贪污纳贿这样的事在所难免。这也是封建专制主义制度腐朽性、垂死性的表现，越到晚期就越是暴露无遗。乾隆中期以后，贪污纳贿之事层出不穷，已经形成了风气，大的贪污案屡屡发生。乾隆帝虽然对此也有所察觉，狠狠地惩办了几起督抚的贪污案件。但不管他怎样严惩，也始终没能把贪污的根除掉。究其原因，除了封建制度本身的必然性外，就是伴随在乾隆身边的和珅。和珅的出现是历史发展的偶然性和必然性的结合，应该说他是时代的产物。

六、贪污大网　渐渐形成

　　在中国封建社会，每一个封建王朝
创立之初，统治者往往把注意力集中在
着手恢复社会经济和稳定社会秩序上，
因此生产得到恢复和发展，社会财富也
在不断增加。但是当这个新王朝走向中、
晚期时，接着到来的便是营私舞弊、贪
污行贿的风气盛行，贪官污吏也应运而
生。他们凭借着地位和手中掌握的权力，
吞噬着社会财富，大量攫取不义之财，过

着灯红酒绿、纸醉金迷的腐朽生活。

清朝统治者一开始给各级官员的薪水就比较低，一般除去日常必要的生活开支外，就所剩无几了。甚至个别人刚走上仕途的最初几年，还要自己拿钱倒贴。并且地方官员的许多办公费用，常常不能从中央政府得到财政补贴，这就更加助长了上级官员对属下的勒索以及州县官吏对百姓的剥削和掠夺，因此，贪污行贿的事情层出不穷。各省总督、巡抚等，因为一人当官，远亲近友都来投靠，往往他一人要负担很多人的生活开支，并且要负担无俸禄的官吏和幕僚们的费用及官衙中各种办公费用。但清朝规定总督和巡抚的年俸还不足二百两白银。在这种情况下，他们就想尽办法向下级官员或富商们进行勒索，下属官员也按照同样的方法实行，种种摊派最后都落在了老百姓头上。

还应该指出的是，下属官员送给上司的贿赂，只是他们向百姓巧取豪夺财物的一部分，而其余的部分都中饱私囊了。中央政府为了缓和地方官吏向百姓的勒索，稳定社会秩序，同时也为了调整各级官员的俸禄，在雍正初年实行了养廉银制度。其具体做法是：从提取到各省布政司库的银库中抽出一部分

银两，作为当地官员的养廉银，然后按职位的高低发给不同的数额。从此不许他们再向百姓额外征派。但这种制度并不能解决根本问题，因为光靠养廉银亦很难满足他们骄奢淫逸的生活需要，他们敛财的欲望也是永远满足不了的。从根本上说，官吏们的贪污腐化是封建专制制度的历史产物。

乾隆统治时期，特别是在中晚期，各省吏治更加败坏，官吏们争相侵吞百姓的财产,贪污成风,大案、要案层出不穷。乾隆帝为了改变湖北省、福建省的官吏风气,做了严肃的整顿,分别对两省以前出任督抚的常舒、李封、特成额、富勒浑、雅德等人进行了惩治。与此同时,浙江省贪污案件却几乎没有中断过,旧的贪污案件还没处理完,新的贪污案又冒出来,真是摁下葫芦起了瓢。虽然乾隆帝也下狠心杀了几个贪官,但他始终没有刨出这个贪污网的总根子,看来他也不想把这个总根子彻底刨出来。因为这个总根子不是别人,正是他所依靠的左膀右臂——和珅。当然不能说这许许多多的贪污案件全部与和珅有关。但从另一个侧面看来,却人部分又与和珅有着千丝万缕的联系。长期以来,乾隆帝只把眼睛对准了地方官员,而对整天伴随他身边的和珅则

不闻不问，或存心包庇，听任其隐瞒。所以和珅能在二十多年中为所欲为，任意贪婪，这都是乾隆帝"养痈成患"的结果。

乾隆帝登基之始，雄心勃勃，立志要继承祖父康熙帝的宽容与父亲雍正帝雷厉风行和执法严峻的作风，宽严并济。他决心励精图治、乾纲独断，要超过历史上所有的"圣祖"和"贤君"。在他统治的前期，贪污的现象虽然没有杜绝，但也并没有达到贿赂、贪污成风的地步。可是到了1779—1780年间，于敏中、李侍尧贪赃事件相继暴露出来。1782年，又查出了山东巡抚国泰、布政使于易简贪污营私、侵吞公款的大案，于是贪污案一个接着一个被揭发出来。更重要的是，以和珅为首的贪污大网也就在此时逐渐形成了。

乾隆帝统治的后半期，以和珅为中心的贪污网的形成，不是偶然的。首先，乾隆帝给了他掌管国家财政和用人的大权。其次，因为乾隆帝本人挥霍无度，讲究排场，穷奢极欲，需要大量钱财。而这笔钱他又不愿意从国库支出，便向和珅索要。和珅也就投其所好，源源不断地供给他白花花的银子，并哄骗他，连其衣食住行的费用，也多不用国库开支，也是由和珅想办法筹集来的。因此，乾隆帝对和珅理财非常满意，宠信倍加。其实和珅绝不

会自掏腰包，他还借此机会大捞一把，向地方督抚们层层施加压力。当然，那些趋炎附势的贪官污吏们也无不乐于向其主子多做贡献。他们也知道这是他们升官发财的极好机会，有和珅做后台，他们的胆子更大了。他们不顾人民的死活，一个比一个贪赃枉法、巧取豪夺，拼命地向人民搜刮。除了中饱私囊外，他们还细心揣摩，迎合皇上的喜好和需要，及时献上各种珍奇异物和稀世之宝，而且还要把大量的金银巨款呈献给皇上的代理人和珅, 和珅的金银库存也就与日俱增。

乾隆中期以后, 贪污案件层出不穷。尽管他也严惩了几个不法贪官, 但那只能暂时起点作用, 就像隔靴搔痒, 不能解决根本问题。反而使贪官们贪污手段更加隐蔽, 贪污的数额越来越大, 牵扯的人数越来越多, 并且贪污案件越来越与中央的掌权者和珅有直接联系。

地方官吏, 特别是总督、巡抚、布政使和按察使们, 贪赃舞弊、欺民害民的办法很多, 他们在过节、过生日的时候就有大笔金银进账。每当官吏升迁调职时也

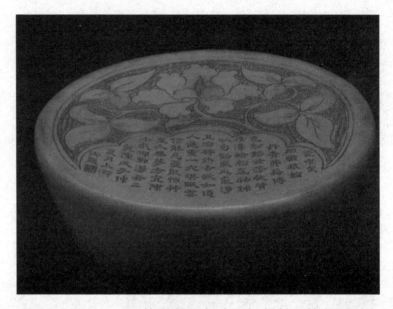

是敛财的好机会。官吏贪污的主要原因就是官员们要层层进献，最后获利最多者就是乾隆帝和和珅。因此，他们才是贪官污吏的总根子。而乾隆帝实际上就是和珅的后台，他的许多做法，实际上是自觉不自觉地支持了和珅的贪纵。乾隆不仅向和珅索要钱财，还经常把大量钱财交给和珅，有的是叫他分赏别人，有的则不知所用，实际上是给了他贪污的机会。1788年正月初六，乾隆帝把张家口地方所得税的盈余送给了和珅三万两，其余白银三千二百八十二两七钱九分五厘五毫赏给其他人。同年二月二十八日，乾隆帝又把所得银子三千六百两交给了和珅。仅短短两个月中，乾隆帝就把三万三四千两银子交给了和珅，虽然不知这笔银子的具体用项，但是总归是乾隆帝赏给和珅，或放在和珅那里让他随便支配的，这样就给和珅贪污营私提供了好机会。

此外，和珅还掌握着各省地方官员向皇上进贡特产和其他礼物的收退与否的大权。正如嘉庆皇帝所说："只是因为和珅揽权、纳贿，每当遇到有人进贡，皇家只不过收到了一两件，其余的都进入了和珅私家。"这就是说，大量的珍宝珠玉、古玩书画被和珅独吞了，所以他家才有朝珠、挂珠二百余；有颗大宝珠甚至超过了皇上的御用之物。这主要是因为和珅常常把各地进贡来的方物，好的留给自己，次一点的才送进宫中。另外和珅也经常利用进宫的机会，把他看上眼的物件，顺手拿回家中，天长日久，和珅家的珍珠宝物甚至比宫内还要好很多。乾隆皇帝在这方面从来没有责怪他，这就更加使和珅肆无忌惮地侵吞国家财物了。

和珅利用手中掌握的用人大权，在中央和地方的许多部门都安插了私人，这些人为了报效和珅，也就拼命地搜刮民财，向和珅贡献，这样，一个以和珅为中心的贪污网就在全国形成了。

七、敛财有术　祸国殃民

乾隆帝之所以特别宠信和珅，原因很多，但其中有一个重要原因，那就是和珅有一套敛财的本领。和珅为了满足乾隆帝晚年穷奢极欲的生活开支，以及连年征战所消耗的巨额费用，确实费了不少心思。

乾隆帝一生爱好很多，兴趣极广。他喜欢收藏文物，搜罗珍宝、异物，凡诗琴书画以及印章等无所不爱，这样不但消

耗了大量的钱财，而且还扰得百姓终年不安。不少百姓为了采玉、挖银、淘金和制造各种工艺品，终年辛苦，不得温饱。为了将一大块新疆和田玉运到北京，沿途不知要用多少人力，且要费时数年。

尽管乾隆统治的前半期，国力强盛，国库也较为充裕，但抵不住他中晚年的无限制挥霍和穷兵黩武。眼看着国库日见空虚，为了满足他好大喜功和粉饰太平的欲望，他非常需要一个善于理财又能广开财路的能人，和珅正是符合乾隆帝的要求而应运而生的。

由于当时阶级和社会历史的限制，再加上和珅生性贪婪，决定了他不可能从发展社会生产、安定社会秩序着眼去增加收入，广开财源。他首先是把眼睛盯在了地方官吏的腰包里。他千方百计，无休止、无限制地利用各种方法让地方官们向皇帝贡献。当然在这个过程中也少不了他的好处。白花花的银子流向了户部银库和内务府广储司。

上自中央各部官员，下至封疆大吏、知府、知县，以及盐商、行商、票商们，每年都要把他们搜刮来的大量钱财和稀世珍宝献给皇上，以讨其欢心。尤其是皇太后、皇上、皇后过生日的时候，借着做寿的机会，和珅便趁机向各级官员和商人们大肆搜刮。虽然乾隆帝也曾几次下圣旨，表示反对贡献，其实这只是表面文章，官员们照送，和珅照收。不但国内官员、商人们送，连朝鲜、缅甸及英国等国家的朝贡使臣也进贡了大量珍宝。保存至今的清朝传世珍宝，有相当一部分是乾隆时代的，这可以充分说明这一点。

就这样，和珅在不大动用国库库存

的情况下，满足了乾隆帝奢华享用的需要，把他服侍得舒舒服服、高高兴兴。乾隆帝越发觉得和珅聪明、能干，是他得力的助手，值得他信赖。乾隆帝所需要的不是只会吹拍，庸庸碌碌的无能之辈，而是要善于迎合又十分有能力的干练之才。

其实这些钱财并不是官吏自己生产所得，更不是他们把自己的家财拿来贡献给皇上的。而是他们向人民巧取豪夺，加重盘剥才获得的，这就使广大人民的生活更加困苦了。

和珅平日对内务府的管理，对崇文门税关的控制十分严格。他为了能多收入、少开支，确实动了不少脑筋。他对于钱财精打细算，斤斤计较。为了增加收入，他几乎做到了"雁过拔毛"的程度。比如，他所掌握的重要进财口——崇文门税关，就是一个明显的例子。崇文门税务监督一职本应是由内务府包衣出身的官员担任，但和珅为了敛财，兼任了这一职务。当时的人说，天下收税的关卡，就属京师的崇文关的官吏最奢侈残暴。崇文关的官吏对于来往客商行旅、进京官员与赴试士子等等一律征税。凡是外地的官吏进入京师，官职越高收的税也越重。但实际上并不是全国都这样，就这一个崇文门税关索要得多，它只不过是户部所属的

三十个税关之一。和珅倒台后，计算户部各个税关所收的银两时，崇文门税关每年定额为十七万两，在三十个税关中乃居第四位，仅次于粤海关、九江关和浒墅关。

正因为崇文门税关每年的收入可观，故和珅长期把持不放，后来由于乾隆帝的干预，他虽辞去了崇文门税务监督一职，但换汤不换药，接替他的却是他的儿子丰绅殷德，而真正负责此事的人其实并没有变，这个人就是和家的大管家刘全。

和珅由于天资聪颖，勤敏练达，善于理财，又能源源不断地供给乾隆帝大量金银财宝，供他消费挥霍，这让乾隆帝对他非常满意，用起来也十分得心应手，所以乾隆帝越到晚年越依赖他。

当时国家的财政大权由他一人把持。他先后任户部侍郎、户部尚书、内务府大臣等多年。虽曾一度由于兼职太多，乾隆帝让他辞去户部事务，但没隔多久，湖南、贵州苗民起义，接着又发生了川陕楚等五省白莲教大起义，需要大量军费，而和珅又是敛财的能手，所以户部的事务乾隆帝竟交给他一个人把持。和珅更是任意利用手中的权力，不允许任何一个人反对他。和珅在财政事务上独断专行到了极点。

和珅利用各种方法聚敛钱财，每年从各级官员和商人手中搜刮到大量银两和珍宝，充分显示出他是一个"招财进宝"的能手。他所管辖的内务府，负责内廷的会计、服御、物饰、宫御和武装守备等各方面的事务，皇帝的一切开销都要由内务府筹措，实际上，内务府就是皇帝的私人小银行。和珅担任内务府大臣以前，内务府年年亏损，入不敷出，还要靠户部

的接济。可是，自从和珅接手后，还不到几年，库存的银两就十分充盈，还反过来借银两给其他部门使用。而内务府凡是采购东西，都要交给管理崇文门的官员去办理。这就是说，崇文门税关是内务府收入的一个主要来源。

乾隆帝无休止地奢华，没有钱就向和珅索要，和珅的任务就是要将聚敛来的钱财用来满足乾隆帝的需求。

1790年，乾隆帝八十大寿，和珅理所当然是操办庆典的主要负责人。他为了讨得皇帝欢心，肆意铺张，借机大捞一把，来个"一举两得"。虽然乾隆帝下令节省，但是臣下们执行起来却极其浪费。宫殿内外的事物没有不换成新的。从燕京到圆明园，楼台都用金银翡翠装饰，假山上的装饰更是十分奢华。要是这些钱都从国库里拿真是一笔大数字，但是和珅完全不担心这个。举办这次寿宴的钱财全来自于各大官吏的进献。

1814年5月，即和珅伏法后十五年，嘉庆帝曾对和珅得宠有一个概括的评论："和珅在乾隆年间，由

侍卫提升到大学士，加官晋爵，这是由于乾隆帝的恩典。"这说明乾隆帝对和珅的敛财术是非常欣赏的，也是十分支持的。

和珅不但善于给乾隆帝敛财，同时也是一个善于理财的能手。他治家的方针是广开财源，只要能得钱，他什么手段都使得出来。同时也注意节流，除了他个人及其几个亲近的家属外，他是能抠就抠，能省就省。家里的妾室虽然很多，但是并不给她们赏赐。这些妾室每天也只

能靠喝粥来维持生活。家中要花钱,和珅
都把花钱的费用让他的下官去承担,不花
自己的钱财。一切私人开销不花私人财
产,这是他服侍乾隆帝的手法,现在他又
用同一种手法对待自己的下官和管家。

　　总之,乾隆帝与和珅在财务上的关
系是:乾隆帝把和珅看成是"招财进宝"

有方的财神爷。缺钱、用钱就向他索要；

和珅则打着万岁爷的旗号，发号施令，

尽量捞钱，满足了皇上的欲望，也肥了自

家。

八、奢华生活 富可敌国

　　和珅为官的二十多年间，利用各种敛财之术，捞取了无数的金钱和财富，成为当时全国的首富。和珅利用各种各样的查案、办案的机会，接受了不少贿赂。各省的金库渐渐变空了，和珅家的金库，盖了一个又一个，金银还是多得盛不下。在他的影响带动下，乾隆时期贪污受贿之风盛极一时。

　　有一年陕西抚台派人押送二十万白

银来到和珅的府第。和珅府上的内监问道:"是哪一档货色?"护送人回答:"足色纹银。"内监连看都不看一眼,说道:"像这样一些粗货往哪里放!"只好命人收在外库。和珅府上听差的都不愿意收银子这样的粗货,因为嫌它太占地面,没处存放。他们只愿收那些价值千金的珍珠。

不仅各地方官向和珅求情送礼,就连宫内的人,甚至亲王,也得向他行贿。有一次和孝公主的异母兄弟七阿哥,不慎打破了一个碧玉盘,怕父皇怪罪,急得没法,来请和珅帮忙。和珅首先不管,后来七阿哥送了他一串正珠朝珠,和珅才把家藏的一个拿出来给他,让他换上。这个碧玉盘比起七阿哥打破的那一个要好许多倍。七阿哥拿到这个碧玉盘时想,和珅府上比皇家富多了。

和珅不但家大业大,而且是皇

亲国戚，富贵无人可比，几乎没人敢惹他。正如当时来华的朝鲜使臣所说："和珅家富丽堂皇，简直和皇宫一模一样。"

至于和珅的日常生活，人们常常认为他十分吝啬，惜金如命。其实这是他拿来对付别人的，如对付属下、家奴等人则是能省就省，不肯轻易多花一文钱。然而他自己和他的家里人挥金如土、骄奢淫逸，毫不吝惜。他家每日灯红酒绿、花天酒地，享尽了荣华富贵。他们一家锦衣玉食，山珍海味都吃腻了，便以珍珠佐餐，据说吃新鲜珍珠可以加强记忆力。传说江南吴县曾有一位珍珠商人，名叫石远梅。他每年都到扬州一带贩卖珍珠，当他刚走到离扬州二十多里的地方时，就有富商大贾、达官贵人派人把他迎到家中，拿极其美味的食物让他享用，旁边还有歌舞表演。一个盐商在门口等候他，石远梅拿出一小匣，用锦囊包

裹，打开一看全是珍珠，重的珍珠一粒价值二万两白银，虽然是天价，但是那些达官贵人还是争相购买，就害怕自己得不到。据石远梅说：这些珍珠是盐商和贵宦们买去献给和珅的，和珅每日清晨用珍珠作食物，吃下珍珠就心窍明亮、过目不忘。一天之内，即使有很多事务，他也是了然于胸，不会忘记。石远梅在1799年时曾经获得一颗特大珍珠，形状颇似葫芦，人们认为是"异宝"，可此时已无人问津，因为这一年和珅刚刚倒台。

和珅及其全家不仅讲究吃食，而且衣着亦非常时髦、精致。据说和珅有一件衣服的纽扣，全是用西洋小钟表做成，这在当时是十分罕见的。

和珅不但吃穿讲究、精致，十分排场、奢侈，且这些东西都不用自己花钱，总是有属下或商人向他巴结，馈赠给他。甚至连爱妾美女都有人送上门来，贡献给他。

和珅童仆成群，姬妾众多。他除正妻外，尚有爱妾多人，以致有人说他"姬妾无数"。为了纳妾，他甚至不顾廉耻，不怕犯罪。他为追求美貌女子，竟不顾身份、地位，把别人遗留下来的小妾，纳为己有。如原浙江、甘肃省巡抚王亶望，由于贪污而伏法，其爱妾吴卿莲为侍郎蒋锡棨所得，后来蒋锡棨把她奉献给和珅。和珅对她一见钟情，十分喜欢，常把她带在自己身边。和珅被抄家那天，她正在海淀淑春园之中，当时就被刑部和顺天府衙门的兵士看管起来。1799年正月二十日午刻她自缢身亡。

传说和珅另有一名宠妾，名叫长二姑，人称"二夫人"。平日她与和珅感情很好，和珅甚至有时叫她分管一些家务，并相互商讨事情。和珅在1799年正月十八日自尽的消息传到长二姑耳朵里时，她很悲痛，也自尽而死，随和珅而去。

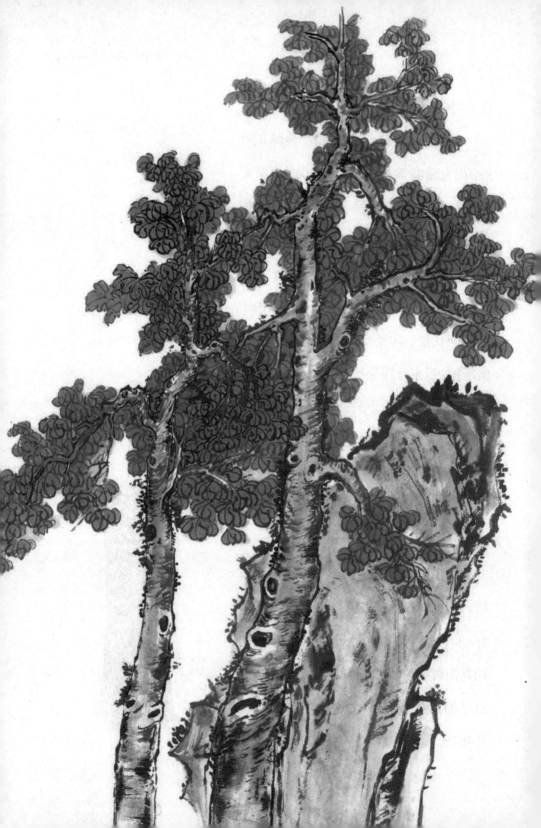

九、祸不单行　疾病缠身

和珅在生活中是一个很重感情的人。他极重视夫妻、兄弟、父子、叔侄、祖孙间的关系，总惦记着他的家族人丁兴旺，官运亨通，财富日增，世世代代保持显贵的地位。他与嫡妻冯氏感情很深。按照封建礼教，嫡妻在家庭中的地位是较高的，妾只能在嫡妻不在场时，才敢放肆、撒娇。和珅也深深懂得这一点，一来嫡妻出身名门；二来她又生了个长子丰绅殷德，而丰绅殷德又娶了乾隆帝爱女和孝公主，母以子贵，和珅怎敢怠慢；三来冯氏平日对和珅体贴入微，对他十分理解。冯氏在病中时，还念念不忘和珅的腿病，为他祈祷痊愈。和珅对冯氏亦很尊重和爱恋。冯氏在1798年二月病故时，和珅非常悲痛，曾作悼亡诗六首，表达了他的哀思。

和珅对于自己的子女也极重感情，特别是对他的两个儿子，更是无比疼爱。和珅一生虽妻妾众多，但只生了两个男孩。长子丰绅殷德自不必说，爱如心肝。另一个就是在1794年生的次子，他也视其为珍珠一样，爱护备至。由于这个次子比丰绅殷德小十九岁，所以和家上上下下都很喜欢他。可是这个孩子寿命不长，在1796年的七月初七日，刚刚两岁的次子竟一命呜呼。对于次子的夭折，和珅夫妻的悲伤之情自不用说，就连丰绅殷德听到弟弟去世的消息也十分悲痛。

次子夭折时和珅不在北京。那时他正陪着乾隆帝在热河避暑山庄。当他得知这个噩耗后，更是痛不可言，于是提笔写了《忆悼亡儿绝句十首》等诗，表达他的哀思。

幼子的夭折，对和珅是一个沉重的打击，以致他感到犹如切肤之痛。对这个老来得到的幼子，和珅打心眼里疼爱，一心想使他成为"书香门第"的继承人。但万万没想到爱子竟突然死去，犹如晴天霹雳，使他精神上无法承担，悲痛欲绝。因此他怨天尤人，竟埋怨起一伙同僚为祝贺他老来喜得幼子，而鼓动其到乾隆帝面前要求重举"任子之典"的举动。他认为这是诸位同仁有意害他，因此迁怒于众人。

1796年，和珅连遭不幸。幼子刚亡，伤痛未消，八月噩耗又从湘黔战场传来。正在镇压苗民起义的弟弟——四川总督和琳，因患瘴气继福康安之后病亡。这对他无疑又是一个沉重打击。因为他与和琳手足之情极深，彼此相差三岁，两人从小在一起玩耍、读书吟诗，成年后又一直在一起生活多年，直到和珅盖起新居后，两家才分开。和琳的成长、升迁，哪一样也离不开和珅的帮助，和琳长年在外任职，家中的许多事务都由和珅照料。如家庭中的生活开支、子婚女嫁等等都由他操心。和氏兄弟二人同舟共济、荣辱与共，十分亲密。因此和琳刚刚44岁就死去，和珅悲痛万分。和珅不但痛悼其弟，而且对于和琳的爱妾，一个名叫殷云卿的人为和琳殉身，也很感佩，大加赞扬。

刚刚给弟弟办完丧事，悲痛还没有平息，转到第二年，也就是1797

年，和珅唯一的长孙又夭折了。估计这个孩子是和孝公主生的，但生下来没多久便死了，从此丰绅殷德再也没有过儿子。两三年间，和家连遭不幸，竟有四人死去，这一连串的打击，使和珅难以承受。再加上此时爆发的苗民起义和五省白莲教大起义，更使他焦头烂额，急上加急。

和珅周围祸事不断，不仅如此，和珅还疾病缠身。和珅从年轻时开始就经常腿脚疼痛，犯起病来痛苦异常，有时腿和脚都红肿起来，行走艰难。尤其是右腿膝盖骨周围最为严重。每年夏秋间多雨季

节就犯病，偶尔仲春时节也发作，每当病重，常常卧床不起。每当腿病发作，便引起全身疼痛。

据说和珅每年一到夏秋之间，腿病就要复发。每当想上朝时，凌晨必叫人宰杀一只狗，然后剥皮缚在膝盖上，才能乘椅轿或肩舆入宫。这件事也成了以后嘉庆整治他的一大罪状。也可能因腿脚疼，他在圆明园等禁园骑马出入，这又成了他一大罪状。和珅之所以敢于犯禁，不排除他自认为权势大、与众不同，便目空一切地胡作非为，但很可能是乾隆帝认为他腿病严重，行动实在不便，而特许他在宫中乘椅轿，在圆明园骑马。因为这种特权并不是专给和珅一人的，皇帝经常把这种特权赏赐给年老多病、行动不便的大臣。嘉庆帝为了整治和珅，才特意把这件事罗织为两大罪状。

十、乾隆让位 嘉庆登基

乾隆帝即位之初，就有一个打算，如果上天保佑他能做六十年皇帝，那他就把皇位禅让给嗣子，自己当太上皇帝。再则乾隆帝觉得在位多年，各项事业成就伟大，功绩卓著。他自己也可以说是德高望重，功德无量，中国历史上的任何一位帝王在文治武功方面没有人可与他相比。乾隆帝对自己评价很高，认为自己上可以对得起祖宗，下有德于万民，功德比天高，恩情比海深。他自己是中国自古以来少有的一位圣君，是一位十全十美的天子。他已做满了六十年皇帝，以后就该实行训政，再过一过太上皇的生活。

提起太上皇，这是中国历史上早已就有的一种制度。但因为实际情况不同，其境遇也就各有差异，有的太上皇仍操持朝政；有的则悠然自得，颐养天年；有的则如同阶下囚，毫无自由可言。

在历史上明确出现“太上皇”的名称，是汉高祖刘邦尊其父刘太公为太上皇。以后各个朝代也不时出现太上皇，但他们成为太上皇的情况却是各不相同。

有的是老皇帝主动让位给其嗣子，如宋高宗赵构传位给宋孝宗赵昚；而清高宗弘历让位给清仁宗颙琰也是属于这种性质的。有的是自己的儿子或兄弟已南面称帝，逼得前皇帝不得不引退。比如，唐肃宗灵武即位后，唐玄宗在这种既成事实面前，不得不退位；土木之变后，明代宗登位，明英宗只有退位，等待时机复辟。此外，由于形势逼迫，老皇帝不得不把皇位勉强让给儿子。如唐朝"玄武门之变"后，李渊传位给李世民；诛杀韦氏集团后的唐睿宗，让位给唐玄宗；在金兵进攻下，宋徽宗传位于宋钦宗；在母后扶持下魏献文帝让位于魏孝文帝；北齐武成帝因天变而传位后主高纬等，都是由于外力的干涉，不得已才成为太上皇的。

乾隆帝把中国历史上几乎所有的太上皇都考察了一遍。思来想去，他要做一个名副其实的既有尊位又掌实权的太上皇。早在1775年前后，年过花甲的乾隆帝看到张廷玉、傅恒等一批老臣，一个个死的死，告老还乡的也都归老田园了，心里很不是滋味，感触很大。他下决心做满六十年皇帝后，一定把皇位传给嗣子，以实现原来的誓言，自己要做一个真正的太上皇。他认为前代的那些太上皇，如唐玄宗、宋徽宗以至明英宗这些人，都是余生失败，不足以和自己比较。只有宋高宗赵构即位三十六年后，让位给宋孝宗而成为太上皇，又二十六年居德寿宫，享年81岁而去世，还勉强可以仿照。因此，乾隆帝在位晚年，便开始在皇宫的东北部大兴土木，修建了宁寿全宫。这组建筑包括有宁寿门、九龙壁、皇极殿、宁寿宫、养性殿、乐寿堂、颐和轩和乾隆花园等，以备自己做太上皇时居住。他还刻了"太上皇帝之宝"的玉玺。自称为"古稀老人""十全老人"。

　　1795年，乾隆帝已经85岁高龄。一切准备妥当，即将举行让位大典。那年秋天，老皇帝乾隆把皇位传给皇十五子颙琰的事，跟和珅说了。和珅心里有自己的想法。他是不愿意老皇帝把皇位传给儿子的，因为他还不知新皇帝到底对他有什么看法，万一弄不好就要前功尽弃，自己的地位就保不住了。可是"禅位"是主子乾隆帝的决定，是不好反驳的。尽管乾隆帝宠信他，但如执意反对这件事，万一激怒了龙颜，在老皇帝、新皇帝面前都要失宠。他也想到乾隆帝虽已经85岁，可身体还很结实，要是能再长寿些，也就是自己的福分。在此期间，他只要好好巩固自己的基础，把文武百官上上下下地控制好，多用私人，狠

狠打击政敌；在新皇帝面前，既以传达乾隆帝命的身份出现，以示自己地位特殊，同时他也要尽可能向新皇帝献媚取宠，也许会成为两朝的肱骨之臣。

乾隆帝规定九月初三日举行册封皇太子的仪式，但九月初二日和珅就偷偷地送

了一个如意给皇十五子颙琰，示意他即将成为新皇帝。就是因为传递如意这件事，嘉庆帝亲政后把它算作和珅的第一大罪。

乾隆帝把他要做太上皇的来龙去脉、让位的步骤和训政的意图一并表达出来。表示他只是把皇位让出来，但决不交出实权。他说得很明白，凡军国大事及用人行政等大权牢牢握在手中，丝毫不让，是一个名副其实的太上皇，也可以说是中国历史上最有权威的太上皇。

嘉庆帝名颙琰，是乾隆帝第十五子。1760年11月13日出生，其母为孝仪纯皇后魏佳氏。颙琰1795年被册封为皇太子，当时他已经36岁。这一年的十月初十日移居到毓庆宫居住。乾隆帝本拟于那年冬至传位，但因为这一年的十二月初一日发生了日食，再加上湘黔等省爆发了苗民起义，于是决定第二年元旦举行归政典礼。同时还决定归政前后要在宁寿宫皇极殿举行千叟宴，招待全国70岁以上的官员、缙绅和耆庶人等。

正如乾隆帝所说，让位后的他，并未颐养天年，而是孜孜训政，毫不倦勤。太上皇并没有到宁寿宫居住，而是依然住在养心殿中，宫中的人们均称他为"万万岁爷"。他的谕旨被称为敕旨。一切政务，乃至生活琐事，乾隆帝仍要多方干预，嘉庆帝的权力受到了严格的限制，嘉庆帝没有行政权，没有用人权，更不能单独接见外藩和贡使，成了一个不折不扣的儿皇帝。

乾隆帝每日召对大臣，处理政事像以前一样。对于太上皇，嘉庆帝是百依百顺，看乾隆帝的眼色行事。这时满朝文武百官心里也都一清二楚，大权还是操在太上皇手里。表面上虽是"两圣同堂"，实际上嘉庆帝只不过是个傀儡。乾隆帝在接见朝鲜使臣后，派和珅宣旨说："我虽然已经让位，但大事还是我办。"这也就是说，嘉庆生活在乾隆的阴影之中，处处受压制，无法展开手脚。

对嘉庆皇帝来说，一方面要接受太上皇的训政，接受太上皇的旨意，不能有任何个人见解；另一方面，也不能表现出对权力有任何干预的嫌疑，更不能同朝

中大臣有任何蛛丝马迹的联系，否则就会在太上皇敏感而多疑的心中，形成一个虚幻的皇帝党的威胁。事实上，嘉庆帝的担心绝不是多余的，乾隆帝对此是十分敏感的。

按常理，乾隆帝应像历史上有些太上皇那样表面

上不统领天下。但乾隆帝非要做一个名
实相符，君临皇帝之上的太上皇。因为长
期居于权力的最高峰，习惯于独断专行，
时时关心的就是怕大权旁落，害怕权力
一失，自己就有被冷落的危险，所以他要
控制住神圣的皇权。事实上他所享有的
是皇帝、太上皇都有的权力。这时和珅则

乘机大做手脚，他成为传达太上皇意旨的人，常以自己的主意作为太上皇的旨意传达下去，不但控制了内政大权，而且也控制了外交权，从而进一步加重了自己的权力。此时太上皇记忆力日衰，视力和听力也愈来愈弱。

此时，各地起义频发，起义的烈火以燎原之势迅猛地向前发展。乾隆没有办法，甚至采取了背后诅咒的方法，也就是用一种统治阶级惯用的荒唐、虚幻的巫蛊术——"镇魔术"。传说，一天乾隆帝训政完毕后，只召见了和珅一人。和珅来到后，只见乾隆帝向南面坐着，嘉庆帝坐在身边，和珅跪了很久，只见太上皇闭目了很久，像是熟睡了一样，但口中还喃喃自语。嘉庆帝极力分辨着，但居然还是听不懂一个字。很久之后，乾隆帝忽然睁开眼睛问道："他们叫什么？"和珅立刻应声回答："高天德、苟文明！"于是乾隆帝又闭上了眼睛，诵读不止，不久之后就让和珅回去了，再没问他一个问题。
嘉庆帝十分惊异，过了几天他秘密地召见
了和珅，询问他："前几天你被太上皇召
见，太上皇说了什么话，你又为什么回答
两个人名呢？"和珅得意地说："您有所
不知啊！太上皇说的是西域秘密的咒语，
心里想着厌恶的人再读这个咒，你所厌恶
的人即使没有疾病也会因为这个咒语而
死去。我听到皇上诵读这个咒语，所诅咒
的人一定是那两个白莲教的首领，所以把
这两个人的名字告诉了圣上！"嘉庆听说
之后十分惊奇害怕，知道和珅也了解这个
法术，万一拿它来对付自己，那不是太可
怕了吗！所以等到乾隆帝去世之后，没过
几天就立即诛杀了和珅。

从和珅的内心来说，他当然是十分痛
恨白莲教大起义的。他知道，如果清政权
垮台，他的家业也保不住。但另一方面，
他也想左右嘉庆帝，发战争财，就要趁时
局不安，在混乱中增大自己的权势，进一

步扩大自己的家业。

当时，和珅为军机处首辅，是乾隆帝唯一信任和宠荣的大臣。他凭着可以为皇帝起草圣旨等各种掌握军事大权的机会，欺上瞒下，竭力捞取钱财。他不断向太上皇乾隆及皇帝嘉庆推荐私人，以出任镇压起义军的指挥官。事实正是这样：只要他的亲信身赴军营，就可以利用多报兵员、冒领军饷、虚报战功的手段达到升迁。

嘉庆帝即位时已经37岁，他吸取了曾祖父康熙时期立而复废、废而复立太子的教训，小心翼翼地侍奉太上皇。虽然他有时对乾隆帝做的决定不满，但也不露声色。对于和珅，嘉庆帝虽然心里不满，看不惯他飞扬跋扈、揽权专政的行为，但深知他是乾隆帝的耳目和影子，也在时时注意和提防自己。为了不让和珅在乾隆帝面前说自己的

坏话，更主要的是为了巩固皇位，嘉庆帝决定顺水推舟，得过且过，任和珅放纵行事、专横跋扈，等待时机铲除他。

　　和珅此时正踌躇满志，得意忘形。和珅虽然聪明过人，却没有把嘉庆的心理活动摸透。他一方面采取拉拢、靠近的方法，如在嘉庆即位前先呈递如意，表示自己有拥戴之功，又向皇帝讨好说，皇上的衣食都由他们贡献，没有动用国库资金，以唤起嘉庆的感激之情；另一方面，他又在嘉庆帝周围布置了一些亲信，以窥伺嘉庆的动向。他让自己的老师吴省兰以帮助嘉庆审阅诗稿为名，了解皇帝的想法和活动。嘉庆对和珅一句不满的话也不说，从而瞒过了和珅，为日后迅速击垮和珅创造了有利的条件。

十一、乾隆病逝　和珅自尽

1799年2月7日统治清王朝长达六十四年之久的乾隆皇帝病逝，终年89岁，结束了他漫长而又波澜壮阔的一生。然而在当时白莲教仍然转战川、陕、楚等省，乾隆帝带着望捷不至的无尽的遗憾撒手而夫，中国封建社会的最后一个盛世——康乾盛世，也随着乾隆帝的去世而"寿终正寝"。

太上皇乾隆病逝，使嘉庆帝得以亲

政。于是，他立刻将埋藏在心中多年的整肃朝政的计划付诸实施。嘉庆帝仿效其祖父雍正帝上台时的策略，先稳住政局，然后再下手处置政敌。想当年康熙帝去世的第二天，尚未正式即位的雍正帝就着手做了几件事。首先任命贝勒胤禩、十三阿哥胤祥、大学士马齐、舅父尚书隆科多四人为总理大臣。其中有他将来要信任的人，但也有他要铲除的人。在清朝，总理大臣位尊权重，可称为清朝的核心人物，应是先朝的元老重臣和亲信。雍正帝重用他的政敌允禩，应该说是一个重大策略。这就稳住了政敌，使局势不会一下子突变。否则，打草惊蛇，闹出乱子不好收拾。待雍正帝腾出手后，立即分期分批地将他的政敌一个个收拾掉。嘉庆帝干得比雍正帝还要利落、迅速。他一开始就让和珅、福长安

负责办理乾隆帝后事，命令他们专心办好此事。

嘉庆帝用各种方式给和珅吃了颗定心丸。当时和珅也暗自高兴，私下里认为一切还和以前一样。然而风云突变，到了正月初四这一天，嘉庆帝突然宣布夺取和珅军机大臣、九门提督等官职，让和珅、福长安二人昼夜在大内守在殡仪的大殿里，不得任意出入。接着，嘉庆帝又针对和珅发了一道圣旨，向朝野各界人士宣布，和珅是贪赃枉法的总后台，是罪恶的渊源。初五，给事中王念孙、御史广兴和大学士刘墉等人纷纷上疏，列举和珅种种不法情况，对其进行弹劾。实际上是嘉庆帝早已布置好的，暗中唆使和鼓动这些人所为。正月初八，嘉庆又下一道圣旨，宣布革除和珅及其党羽福长安的职务，并命令刑部负责逮捕、收禁。他还命令仪亲王永璇、成亲王永瑆、额驸拉旺多尔济、亲王绵恩及大学士刘墉、董浩、兵部尚书庆桂等负责查抄和珅、福长安两家及其家人的财产，命令诸王大臣会同三法司对二人拘押审理，将其两家及其亲属暂时圈禁，不得互相串联。

和珅的财产，抄家时编了一百零九号，其中二十六号共计白银两亿多两。另外八十三号，还未曾估计，如果按近人梁启超先生的估计，和珅的全部家产大概有八亿两之巨。当时清政府全年的收入才七千万两白银。当权二十年的和珅的

家产竟比清政府十年收入的总和还要
多，难怪宣布这些查抄清单后，人人瞠
目，以致当时在民间流传起"和珅跌倒，
嘉庆吃饱"的谣谚。

　　据说和珅被捕时，身上只披了一件皮
袍，戴着一个鼻烟壶和一个装鼻烟的荷
包。当永璇等人来到和珅家时，正值隆冬
的早晨，和珅家上下人等立即慌作一团，
正在吃饭的人有的不禁扔掉了饭碗或者
呕吐起来，正在梳头的妻妾
吓得哆嗦不止，连和孝公主
和额驸丰绅殷德也冷静不下
来。后来和孝公主凭着皇帝
妹妹的特殊身份，几次入宫
求情。

　　嘉庆帝很快将和珅与
福长安治罪。嘉庆帝考虑到
福长安的罪过终不及和珅严
重，况且家产也不及和珅的
十分之一二，和珅已经从宽将

斩立决改为自尽，福长安也从宽改为应斩监候秋后处决，并让狱吏带着福长安前往和珅监所，跪着看和珅自尽后，再押回监狱监禁。福长安的儿子锡麟云骑尉一职原是承袭傅灵安的世职，因福长安之罪与傅灵安没有瓜葛，所以嘉庆帝下令仍然恩准锡麟承袭云骑尉。可见，嘉庆帝虽然把福长安看做和珅的同伙，但在处理方式上却有所区别。最后只削去了他的侯爵，同时又退还了他的部分财产，派他到东陵（直隶省遵化县）中乾隆的陵寝当守坟的人，他的儿子锡麟也被一同发遣此地。嘉庆对此还解释说，福长安之父傅恒的坟茔也在东陵附近，故派他父子守坟，以尽人子之责。

与此同时，嘉庆帝于1799年正月十八日派大臣前往和珅囚禁处所，"赏赐"他白练一条，令其自尽。此时和珅一看到白练，知道死期已至。他对自己惨淡经营一生，家业富比皇室，到头来落得如此悲惨下场，不禁万分慨叹。这一次自己锒铛入狱，身陷囹圄，尝到了凄凉、冷清、饥饿、刑罚、痛苦等苦辣滋味。特别是在正月十五日，正值元宵佳节，和珅自然而然想到往年家中欢欢喜喜，自己在众人侍奉下悠然自得、尽情享乐的情景，提笔作了绝命诗。赋诗完毕，和珅拿起白练套在自己的脖子上，悬梁自尽，黯然地结束了自己的一生，终年50岁。

嘉庆帝办理此案，以诛除巨贪为宗旨，不求在枝节上纠缠不休，因此在把和珅的罪状梳理成文、弄清家产后，便急忙宣布处死和珅。嘉庆帝此举的目的有二：一是以此为转机，重修内政，整肃朝纲，严明法纪，以挽救清统治的危急局势。二是平息如火如荼的农民起义。嘉庆帝认为，只要杀了和珅，就可以"平息民

情"，安抚民心，为他迅速镇压白莲教大起义创造有利的条件。

和珅死后，嘉庆帝允许其子丰绅殷德料理后事。这时，和珅在蓟州营造的陵墓已被拆除、变卖，看坟的奴仆也被迁回北京，等待发落。于是，丰绅殷德只好在蓟州刘村这个地方找了块地，草草埋葬了和珅。

和珅确实死有余辜。乾隆中后朝，清朝鼎盛的局面已近尾声，开始走向了下坡路，政治、经济均已开始显露出衰败的端倪。这固然是历史的发展规律，但是也因为和珅活跃在这个舞台上，且平生坏事做尽、贪赃枉法，百般压榨各阶层，致使国库空虚，民不聊生，百业凋敝，所以才加快了清朝的衰落速度。